W0345952

Pourquoi la SIESTE ?

© 2021 BAMBOO ÉDITION - 290 route des Allogneraies, 71850 CHARNAY-LÈS-MÂCON - **www.bamboo.fr**
Tous droits de traduction, d'adaptation et de reproduction strictement réservés pour tous pays.
PREMIÈRE ÉDITION - Dépôt légal : juin 2021 - ISBN : 978-2-8189-8557-1
Imprimé et relié en France par PPO Graphic, 91120 Palaiseau

Pour être alerté de la sortie du prochain album, rendez-vous sur **www.bamboo.fr/alerte-nouveaute**

PEFC 10-31-1800 / Certifié PEFC / Ce produit est issu de forêts gérées durablement et de sources contrôlées / pefc-france.org

Pourquoi la SIESTE ?

COACHÉ PAR MAÎTRE ROUPILLOR

Scénario
STI

Dessin & couleurs
BUCHE

BAMBOO ÉDITION

LA MISSION

"La sieste, c'est comme une anesthésie.
Tu te réveilles, tu ne sais plus où tu es...
C'est un métier, la sieste."

JACQUES DUTRONC

acteur, artiste, chanteur, compositeur, musicien.

AH OUAIS, VOUS ÊTES LE MAGICIEN SUR YOUTUBE, JE CROIS QUE JE VOUS REMETS.
NON, JE T'AI CHOISI, PIERRE... JE T'AI CHOISI CAR TU VAS ÊTRE MA VOIX...
TU VAS APPORTER LA BONNE PAROLE AU MONDE ENTIER !
LA SIESTE EST BONNE POUR L'HUMANITÉ !
ESSENTIELLE ! VERTUEUSE !
PARTOUT !
TOUT LE TEMPS !
BEN MERCI, JE SAIS, J'ÉTAIS JUSTEMENT EN TRAIN DE...
SILENCE !
ET APPROCHE TA MAIN !
POUF
LA CONNAISSANCE ULTIME DE LA SIESTE VA T'ÊTRE TRANSMISE POUR T'AIDER DANS TA TÂCHE...
GNN... TOUT CE POUVOIR !
MERCI ! ... JE... J'EN SERAI DIGNE, GRAND ROUPILLOR !!!
ON LE RÉVEILLE ?
NON, NON, ATTENDS !
RRR
RONFLE PFFF
RONFLE PFFF

CLICHÉS

"Les anciens, sachant que la clé des songes est aussi celle de l'équilibre et du bonheur, recommandaient la pratique de la sieste."

JACQUES CHIRAC
homme politique, féru de tête de veau et de siestes (non, ça n'a aucun rapport)

JE TROUVE QU'ILS ONT RAISON DE SIESTER APRÈS UN BON REPAS... LA DIGESTION, ÇA DONNE TOUJOURS ENVIE DE ROUPILLER.
CLICHÉ !
TON ENVIE DE DORMIR N'A RIEN À VOIR AVEC TON ESTOMAC...
... C'EST JUSTE QUE TU ES ÉVEILLÉ DEPUIS 6 HEURES ENVIRON... ET QUE TON ORGANISME A UN PETIT COUP DE POMPE.
D'AILLEURS, SIESTA EN ESPAGNOL VIENT DE SEXTA EN LATIN, QUI VEUT DIRE...? QUI VEUT DIRE...?
HEU... SHERPA ? SEXTANT ? SEXTAPES ?
SIXIÈME ! COMME 6e HEURE DU JOUR, RHÂÂ !
SI TU VEUX CAPTER QUELQUE CHOSE DE LA SIESTE, IL VA FALLOIR TE DÉBARASSER DE TOUS CES CLICHÉS !
EN COMMENÇANT PAR CES GUENILLES.
Z'ÊTES SÛR ?
Y AI BIEN FAIT DÉ PAS LOUI MONTRER MA FAUSSE MOUSTACHE...
... PORQUÉ LÉ GRINGO BIANCO ME L'AURAIT FAIT BALANCER AUSSI !

LA SCIENCE DE LA SIESTE

"E = mc^{zzzzzzz}."

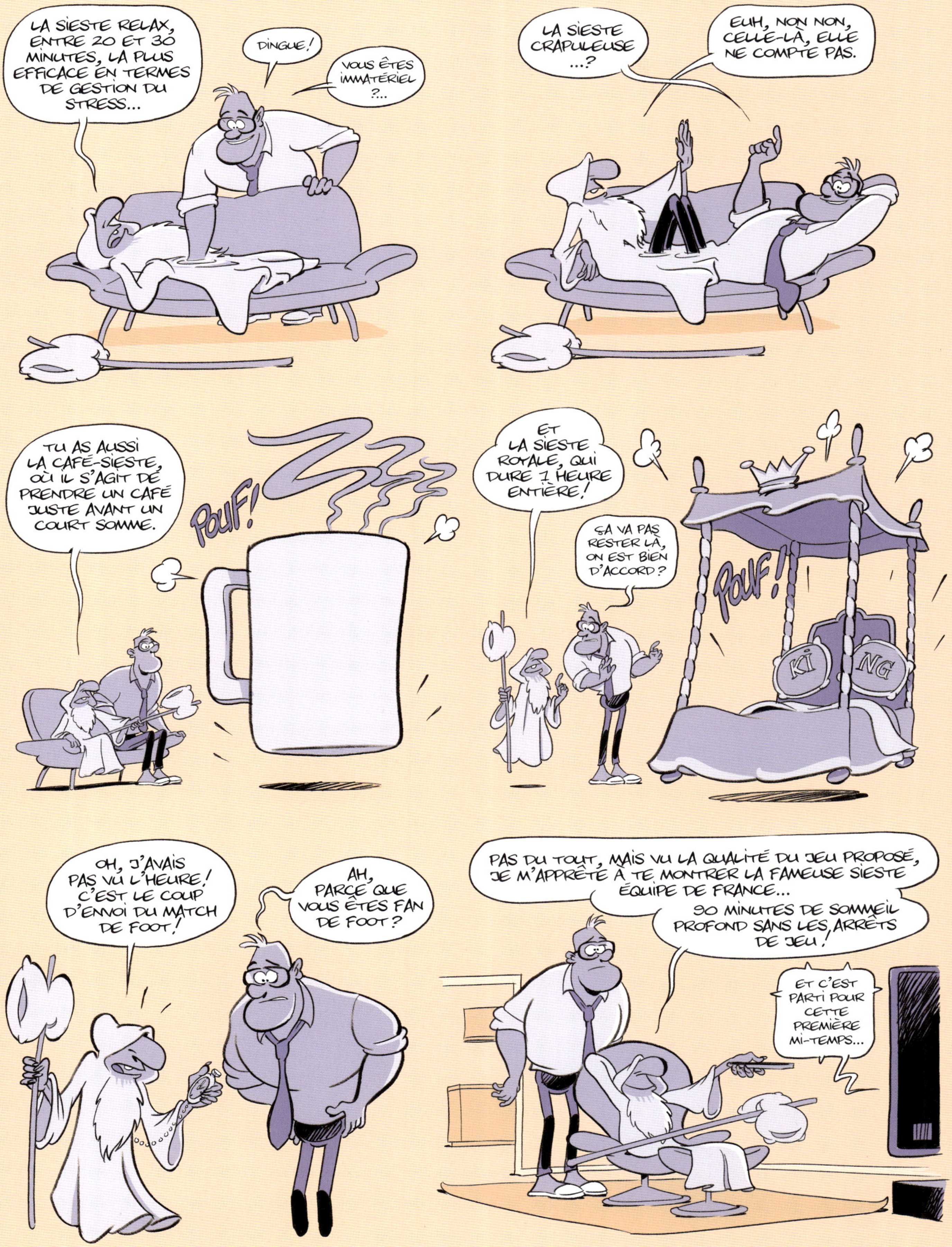
LA SIESTE RELAX, ENTRE 20 ET 30 MINUTES, LA PLUS EFFICACE EN TERMES DE GESTION DU STRESS...
DINGUE !
VOUS ÊTES IMMATÉRIEL ?...
LA SIESTE CRAPULEUSE ...?
EUH, NON NON, CELLE-LÀ, ELLE NE COMPTE PAS.
TU AS AUSSI LA CAFÉ-SIESTE, OÙ IL S'AGIT DE PRENDRE UN CAFÉ JUSTE AVANT UN COURT SOMME.
POUF !
ET LA SIESTE ROYALE, QUI DURE 1 HEURE ENTIÈRE !
ÇA VA PAS RESTER LÀ, ON EST BIEN D'ACCORD ?
POUF !
KI
NG
OH, J'AVAIS PAS VU L'HEURE ! C'EST LE COUP D'ENVOI DU MATCH DE FOOT !
AH, PARCE QUE VOUS ÊTES FAN DE FOOT ?
PAS DU TOUT, MAIS VU LA QUALITÉ DU JEU PROPOSÉ, JE M'APPRÊTE À TE MONTRER LA FAMEUSE SIESTE ÉQUIPE DE FRANCE...
90 MINUTES DE SOMMEIL PROFOND SANS LES ARRÊTS DE JEU !
ET C'EST PARTI POUR CETTE PREMIÈRE MI-TEMPS...

DOSSIERS SENSIBLES

"Le travail, c'est la santé
Rien faire, c'est la conserver
Les prisonniers du boulot
N'front pas de vieux os"

HENRI SALVADOR

chanteur, humoriste français, jazzman, paresseux génial et grand adepte de la sieste.

PETIT JOUEUR ! PRENDS PLUTÔT LE CATALOGUE DES NOUVEAUTÉS...
HEU... VRAIMENT ?!
HÉHÉ, LA QUANTITÉ IDÉALE !
JE VOUS LAISSE.
BONNE FORMATION, FABRICE !
IL A L'AIR SYMPA...
SYMPA ? CE TYPE EST MON MODÈLE ! UNE VRAIE MACHINE DE GUERRE !
TU AS VU TOUS LES DOSSIERS QU'IL A EMBARQUÉS ?
OUAIS, IL EST PARTI POUR DES SEMAINES D'ANALYSES.
MAIS NON, DEPUIS PEU, IL FAIT ÇA TOUS LES JOURS !
QU... QUOI ?
ET DANS MÊME PAS 30 MINUTES, IL LES RAPPORTERA TOUS ! ET AVEC UNE PATATE D'ENFER !
DANS UNE MINUTE JE LE RÉVEILLE...

OH, MON DIEU!
"En tant que dieu de la Foudre, je recommande la sieste éclair."
THOR
dieu nordique, star de cinéma de série à n'en plus finir.
J'EN AI MA CLAP!
DITES, MAÎTRE ROUPILLOR, JE ME POSE UNE QUESTION... VOUS ÊTES UNE SORTE DE DIEU ?
NE PAS RÉVEILLER SVP
SIESTE ÉTERNELLE
HAHA, QUI ? MOI ? TU RIGOLES, JE NE SUIS QU'UNE ENTITÉ SOPORIFIQUE DE NIVEAU 4 !
HYPNOS, ÇA C'EST UN DIEU DU SOMMEIL ! LE FRÈRE DE THANATOS, DIEU DE LA MORT, ET SURTOUT LIEUTENANT D'HADÈS, LE GARDIEN DU MONDE DES MORTS...
WOW...
... C'EST PAS TRÈS GAI TOUT ÇA !
OUAIS, SON FILS EST PLUS COOL...
MORPHEUS, OU MORPHÉE, EN FRANÇAIS ...
OH ? LE MEC DE "MATRIX", AVEC SES LUNETTES CHELOUES QUI TIENNENT TOUTES SEULES ?
MAIS NON !
LUI, IL SE BALADE AVEC SES AILES DE PAPILLON ET SA BRANCHE DE PAVOT ET SHPOUF ! DÈS QU'IL TOUCHE UN MORTEL AVEC, ÇA L'ENDORT...
HIHI !
SHPOUF

DE PAVOT ? IL EST PAS COOL, IL EST BABACOOL !
MOUAIS ! ...
ON A AUSSI JAN JATERE, UN DIEU DES GUARANIS, UN PEUPLE DE LA FORÊT AMAZONIENNE...
MINCE ! LA BOULETTE ...
J'TE CACHE PAS QU'IL EST UN PEU ROOTS. IL SE PROMÈNE À POIL DANS LA NATURE AVEC SON BÂTON ET SES CHEVEUX LONGS CRADOS...
UN GENRE JULIEN DORÉ EN RTT...
TU AS CERTAINEMENT ENTENDU PARLER DE SHIVA, VÉNÉRÉ PAR LES HINDOUS...
AH OUI, BIEN SÛR !
EH BIEN ON L'APPELLE LE SEIGNEUR DU SOMMEIL, CELUI QUI PERMET À LA CONSCIENCE DE S'ÉLEVER...
OH?
C'EST BALAISE, ÇA !
MOUAIS... MAIS CE SONT TOUS DES SECONDS COUTEAUX PAR RAPPORT AU PLUS GRAND DE TOUS LES DIEUX DE LA SIESTE...
HEIN ! QUI ÇA?
PROSTERNE-TOI !
UN PEU DE RESPECT DEVANT L'INSPECTEUR DERRICK !
HMM, POURSUIVONS LE MALFRAT... VITE.

SIESTE NATURE

"Dans la jungle, paisible jungle, le lion s'endort ce soir."

TIMON suricate côtoyant un phacochère et un lion… à dormir debout !

SI L'HOMME EST GÉNÉTIQUEMENT PROGRAMMÉ POUR LA SIESTE, IL N'EN A TOUTEFOIS PAS LE MONOPOLE…

COMMENÇONS PETIT, AVEC LA MOUCHE DU VINAIGRE QUI VIT EN AFRIQUE TROPICALE…

EH BIEN QUAND EN PLEINE JOURNÉE IL FAIT TROP CHAUD, ELLE N'HÉSITE PAS À EN ÉCRASER UNE PETITE…

CHEZ LES FOURMIS, SEULE LA REINE A DROIT À SA NUIT DE SOMMEIL PEINARDE…

… LES OUVRIÈRES DEVANT SE CONTENTER DE COURTES SIESTES TRÈS RÉGULIÈRES.

LE CHAT ADORE LES BOÎTES EN CARTON POUR UNE SIMPLE ET BONNE RAISON…

… LE RÉCIPIENT PERMET AU FÉLIN DE GARDER PLUS DE CHALEUR CORPORELLE. L'IDÉAL POUR PIQUER UN ROUPILLON.

LE CHEVAL PEUT TENIR PLUSIEURS JOURS EN NE FAISANT QUE DES MICRO-SIESTES DEBOUT. POUR CELA, IL ARRIVE À BLOQUER SES PATTES DROITES GRÂCE À SES LIGAMENTS, UN PEU COMME LE FLAMANT ROSE.

RECORDMAN, LE MARTINET NOIR EST UN OISEAU CAPABLE DE RESTER DES MOIS SANS POSER UNE PATTE AU SOL. OUI, DES MOIS !

DU COUP, POUR SE REPOSER, IL SE SERT DE COURANTS CHAUDS ET ASCENDANTS POUR PLANER EN ROND ET DORMIR PAR INTERVALLES DE QUELQUES DIZAINES DE SECONDES.

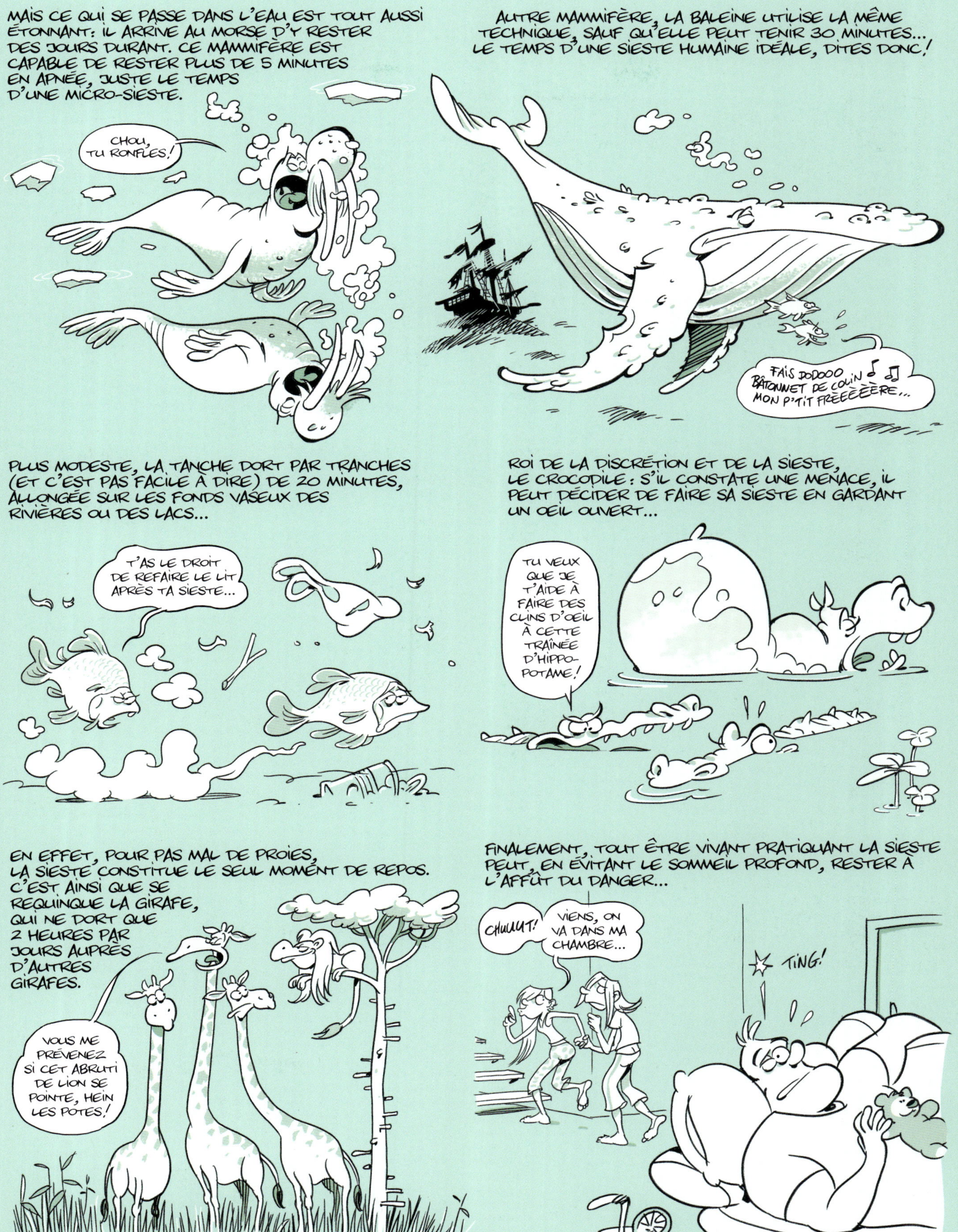
MAIS CE QUI SE PASSE DANS L'EAU EST TOUT AUSSI ÉTONNANT : IL ARRIVE AU MORSE D'Y RESTER DES JOURS DURANT. CE MAMMIFÈRE EST CAPABLE DE RESTER PLUS DE 5 MINUTES EN APNÉE, JUSTE LE TEMPS D'UNE MICRO-SIESTE.
CHOU, TU RONFLES !
AUTRE MAMMIFÈRE, LA BALEINE UTILISE LA MÊME TECHNIQUE, SAUF QU'ELLE PEUT TENIR 30 MINUTES... LE TEMPS D'UNE SIESTE HUMAINE IDÉALE, DITES DONC !
FAIS DODOOO BÂTONNET DE COLIN MON P'TIT FRÈÈÈÈÈRE...
PLUS MODESTE, LA TANCHE DORT PAR TRANCHES (ET C'EST PAS FACILE À DIRE) DE 20 MINUTES, ALLONGÉE SUR LES FONDS VASEUX DES RIVIÈRES OU DES LACS...
T'AS LE DROIT DE REFAIRE LE LIT APRÈS TA SIESTE...
ROI DE LA DISCRÉTION ET DE LA SIESTE, LE CROCODILE : S'IL CONSTATE UNE MENACE, IL PEUT DÉCIDER DE FAIRE SA SIESTE EN GARDANT UN OEIL OUVERT...
TU VEUX QUE JE T'AIDE À FAIRE DES CLINS D'OEIL À CETTE TRAÎNÉE D'HIPPOPOTAME !
EN EFFET, POUR PAS MAL DE PROIES, LA SIESTE CONSTITUE LE SEUL MOMENT DE REPOS. C'EST AINSI QUE SE REQUINQUE LA GIRAFE, QUI NE DORT QUE 2 HEURES PAR JOURS AUPRÈS D'AUTRES GIRAFES.
VOUS ME PRÉVENEZ SI CET ABRUTI DE LION SE POINTE, HEIN LES POTES !
FINALEMENT, TOUT ÊTRE VIVANT PRATIQUANT LA SIESTE PEUT, EN ÉVITANT LE SOMMEIL PROFOND, RESTER À L'AFFÛT DU DANGER...
CHUUUT !
VIENS, ON VA DANS MA CHAMBRE...
TING !

L'ASMR

"Si à 50 ans t'as pas réussi ta sieste, t'as raté ta vie."

JACQUES SÉGUÉLA

pharmacien, publicitaire, spin doctor, officier de la Légion d'honneur, poête à ses heures.

BON, JE TE MONTRE.
TENDS L'OREILLE : TU ENTENDS LE FROTTIS DU PEIGNE ?
BARBER
SINCE 1980
TCHRRR TCHRR TCHRR
LES CARESSES SUR L'OREILLER ? ...
SHHHHH SHHHHH
SHHHH
LES BRUITS CHELOUS DE MA BOUCHE ? ...
BLOP BLOP BLOP BLOP
LE RUISSELEMENT D'UN LIQUIDE ?
LES TAPOTEMENTS DISCRETS ?
MAIS QUEL RAPPORT AVEC LA SIESTE ?
GLOU GLOU GLOU GLOU
POK POK POK
L'ASMR AIDE À S'ENDORMIR POUR PEU QU'ON AIT UN PEU DE SENSIBILITÉ !
C'EST SÛR QUE ÇA AIDERA PLUS QU'UN MARTEAU-PIQUEUR.
PAPA ...
JE...
FLIP FLAP
FRANÇAIS 1/20
FROTT FROTT FROTT
FLIP FLAP
CAAAALME...
RELAX...
VOILÀÀÀ...
FROTT FROTT
ZZZ

L'ASMR bis

"La sieste m'a tuer."
L'auteur de cette phrase reste un mystère à ce jour…
L'ASMR EST UN OUTIL PUISSANT !
OH, LE CLIQUETIS DU CLAVIER...
TCHIK TCHIK TCHIK TCHIK TCHIK TCHIK TCHIK TCHIK
... M'ENDORRR... ZZZ...
PIERRE, LES CORRECTIONS, ÇA URGE !
WC
L'EST TOMBÉ DANS LE TROU ?
Y EN A QUI ATTENDENT !
PLIC PLOC PLIC PLOC PLIC PLOC PLIC
RRRR ZZZZ
SHHHHHHH
MOI, ELLE ME TROUBLE QUAND ELLE FAIT ÇA.
PAS TOI ?
OH NON ...
CARRÉMENT ? T'ES SÉRIEUX ?!

METS TON CLIGNO, POUR LE CINÉ, ON TOURNE À GAUCHE.
LE CLINOTANT ? T'ES SÛRE ?
TCHIC TCHOC
TCHIC TCHOC
TCHIC TCHOC
TCHIC TCHOC
TCHIC TCHOC
TCHIC TCHOC
PIERRE ?
POUÊT !
HÉ !
HONK !
HO !
TÛÛT !
RR
ON VA ENFIN SAVOIR QUI C'EST...
PITIÉ ! ...
CROUCH ! CROUNCH ! CROC ! CROUCH !
... PAS MAINTE-NANT !
AAAAHH !
Z Z Z R
CROC
CROC
CROC
CROC
CROC
CROC
BIEN TENTÉ...
PLOP !
... MAIS TU N'AURAS PAS TOUT LE PAQUET DE CROQUETTES PARCE QUE JE ME SUIS ENDORMI.
CANIFIT

LA CONCENTRATION

"On ne dort pas pour dormir, mais pour agir."

GEORG CHRISTOPH LICHTENBERG
physicien et philosophe avec un nom à coucher dehors.

C'EST PAS VRAI !
PIERRE !
RONFLE RRR R
DU... DUVET ! DUVET !
WOH ! C'EST L'HEURE, J'AI DIT !
S'CUSEZ-MOI ! MMGM ARTE ...
JE T'AI SUGGÉRÉ DE TE CONCENTRER SUR UNE PERSONNE OU UN OBJET TOUT DE SUITE À LA FIN DE LA SIESTE POUR ÉVITER DE TE RENDORMIR...
Z Z Z
... ET TU SUIS MON CONSEIL, C'EST BIEN !
MAIS PENSE PLUTÔT À UNE COCOTTE-MINUTE OU À UN GROUPE DE HARD-ROCK, TRIPLE BUSE !

HYPNOSE

"À trois, vous dormez !
3… 2… Rrrr… Rrr…"

INSPECTEUR DERRICK

inspecteur de police allemand non-violent, moralisateur et extra-soporifique.

AH, ÇA Y EST, Y A QUELQU'UN QUI ME DIT DOUCEMENT DE ME DÉTENDRE …
CHUT, TAIS-TOI ET ÉCOUTE !
ÇA VA MARCHER …!
ÇA VA MARCHER …
ÇA VA MARCHER …
NON?
JE POURRAIS JAMAIS M'ENDORMIR AU BUREAU, JE TE DIS !
HÉ, MICHÈLE, TU POURRAS EXAMINER LES 27 TABLEAUX DE DONNÉES QUE JE T'AI ENVOYÉS PAR MAIL ?
NO PROBLEMO, FRANÇOIS !
WOUH ! HYPER EFFICACE, CE TRUC ! JE CONNAISSAIS PAS …
EXCEL QUE ÇA S'APPELLE ?
RRONFLE RRONFLE

SOINS DU CORPS

"Je pionce, donc je suis."

RENÉ DESCARTES

philosophe, mathématicien, un nom beaucoup plus facile à écrire que Nietzsche.

ET JE TE PARLE PAS DE LA DIMINUTION DE LA DENSITÉ OSSEUSE EN CAS DE PRIVATION DE SOMMEIL !
BAAAAH, ON EN A TELLEMENT QU'ON N'EN EST PAS À 3 OU 4 PRÈS.
AVEC ASSEZ D'HEURES DE REPOS, TU AS MOINS DE RISQUES D'ACCIDENT VASCULAIRE CÉRÉBRAL OU DE CRISE CARDIAQUE.
WOOOFF
MMH, TRÈS IMPRES-SIONNANT !
CLAP CLAP
DONC, TU VOIS, PAS BESOIN D'AIDER LA RECHERCHE, LA SIESTE FAIT DE MOI UN COLOSSE.
ET LE COLOSSE A MOUCHÉ LE BOLOSS'
TING
BRAVO !
ET LA RECHERCHE CONTRE LA CALVITIE, TU VEUX PAS LA FINANCER ?
AH NON, DÉSOLÉ, POUR TES CHEVEUX, JE PEUX RIEN FAIRE.
ALLONS... UNE PETITE SIESTE...
ET ÇA PASSERA.
SOUPIRR...

CAFÉ-SIESTE

"Que j'aime ta couleur café,
c'est quand même fou l'effet,
l'effet que ça me fait…"

SERGE GAINSBOURG

auteur compositeur qui avait toujours l'air pas réveillé, mais pas à cause du sommeil.

LA CAFÉINE, QUI STIMULE L'ORGANISME, DOIT D'ABORD DESCENDRE JUSQU'À L'INTESTIN GRÊLE...
... AVANT DE SE DIFFUSER DANS LE SANG...
AH...
... 20 MINUTES AVANT D'ARRIVER AU CERVEAU ET DE LE STIMULER...
... DONC DE L'EMPÊCHER DE DORMIR.
POP
MAIS ...!
PAR AILLEURS, CONNAIS-TU LA DURÉE OPTIMALE D'UNE COURTE SIESTE ?
20 MINUTES, JE PARIE...
BINGO! C'EST DONC À TON RÉVEIL QUE LA CAFÉINE AGIT!
TU N'ES PAS DANS LE COALTAR!
TU M'AS CONVAINCU, C'EST PARTI!
TU ME DIRAS CE QUE TU EN AS PENSÉ...
EH BIEN, J'EN PENSE QUE LA PROCHAINE FOIS, TU ME FERAS TON BLABLA DE 20 MINUTES AVANT DE BOIRE LE CAFÉ.
VOUI.

LA SIESTE, C'EST FOU !
"Aucun désir DE SIESTE n'est coupable, il y a faute uniquement dans leur refoulement."
SALVADOR DALI
premier marquis de Dali de Púbol, artiste peintre, sculpteur, graveur, scénariste et écrivain surréaliste.
BLINK
KLUNK
SHLIK
T'EN FAIS DU RAFFUT !
TU CHERCHES QUOI ?
CECI ! C'EST L'HEURE DU PETIT ROUPILLON.
TU VAS PRENDRE UN CAFÉ JUSTE AVANT LA SIESTE ?
PAS DU TOUT ! JE VAIS ME FAIRE UNE SIESTE À LA DALI...
SNAP !
ENCORE UN DE TES TRUCS OBSCURS ET À MOITIÉ DINGO ?
HOP
TSS, TSS... TU CONNAIS SALVADOR DALI ?
OUI, OUI, LE GARS QUI A CONFONDU LES MONTRES AVEC DU FROMAGE À RACLETTE.
ET LES ÉLÉPHANTS AVEC DES GIRAFES !
EH BIEN, IL AVAIT TROUVÉ UNE ASTUCE GÉNIALE !
TU M'EN DIRAS TANT...

IL SIESTAIT ASSIS PRÈS D'UN PLATEAU EN MÉTAL EN TENANT UNE PETITE CUILLÈRE ENTRE SES DOIGTS...
AU BOUT D'UNE VINGTAINE DE MINUTES, LES MUSCLES SE RELAXANT, LA PETITE CUILLÈRE TOMBAIT PAR TERRE...
TING !
... ET LE BRUIT LE RÉVEILLAIT APRÈS UN TEMPS DE SIESTE IDÉAL ! TROP FORT, NON ?
C'EST MALIN, JE LE RECONNAIS.
EH BIEN REPOSE-TOI BIEN. MOI J'AI UNE NOTE HYPER-IMPORTANTE À RÉDIGER.
C'EST PARTI, MON DALI !
PIERRE !
HÉ, PIERRE !
HUMM !
TIENS, PRENDS ÇA !
PARCE QUE LÀ, ÇA FAIT 1 HEURE 30 QUE TU RONFLES À MORT ET QUE ÇA M'EMPÊCHE DE BOSSER !

CATASTROPHE

"Ne pas faire la sieste, c'est la caca… la cata… c'est la catastrophe !"

LES INCONNUS

trio d'humoristes français qui s'entendent comme 3 frères pour ne pas l'être.

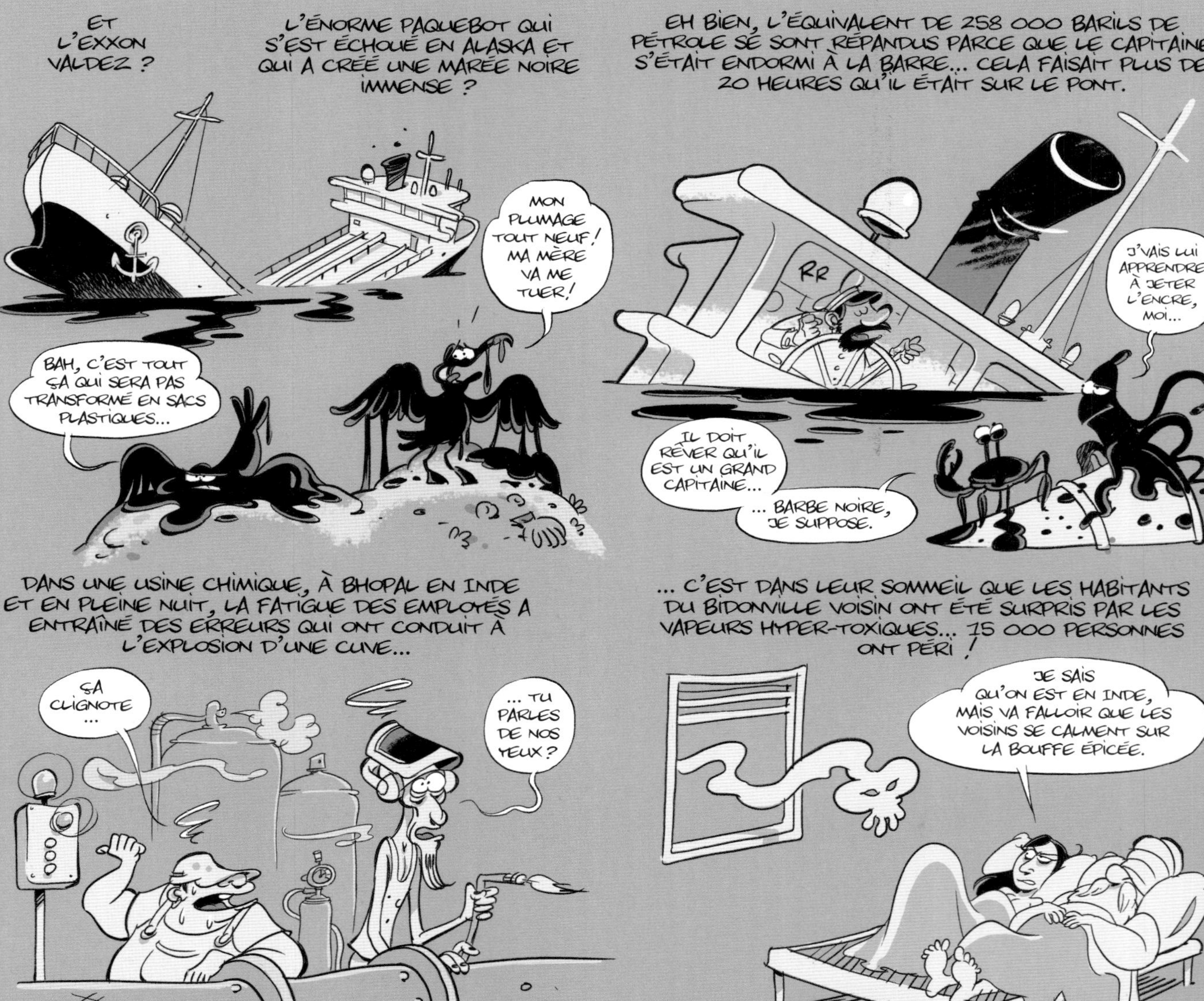

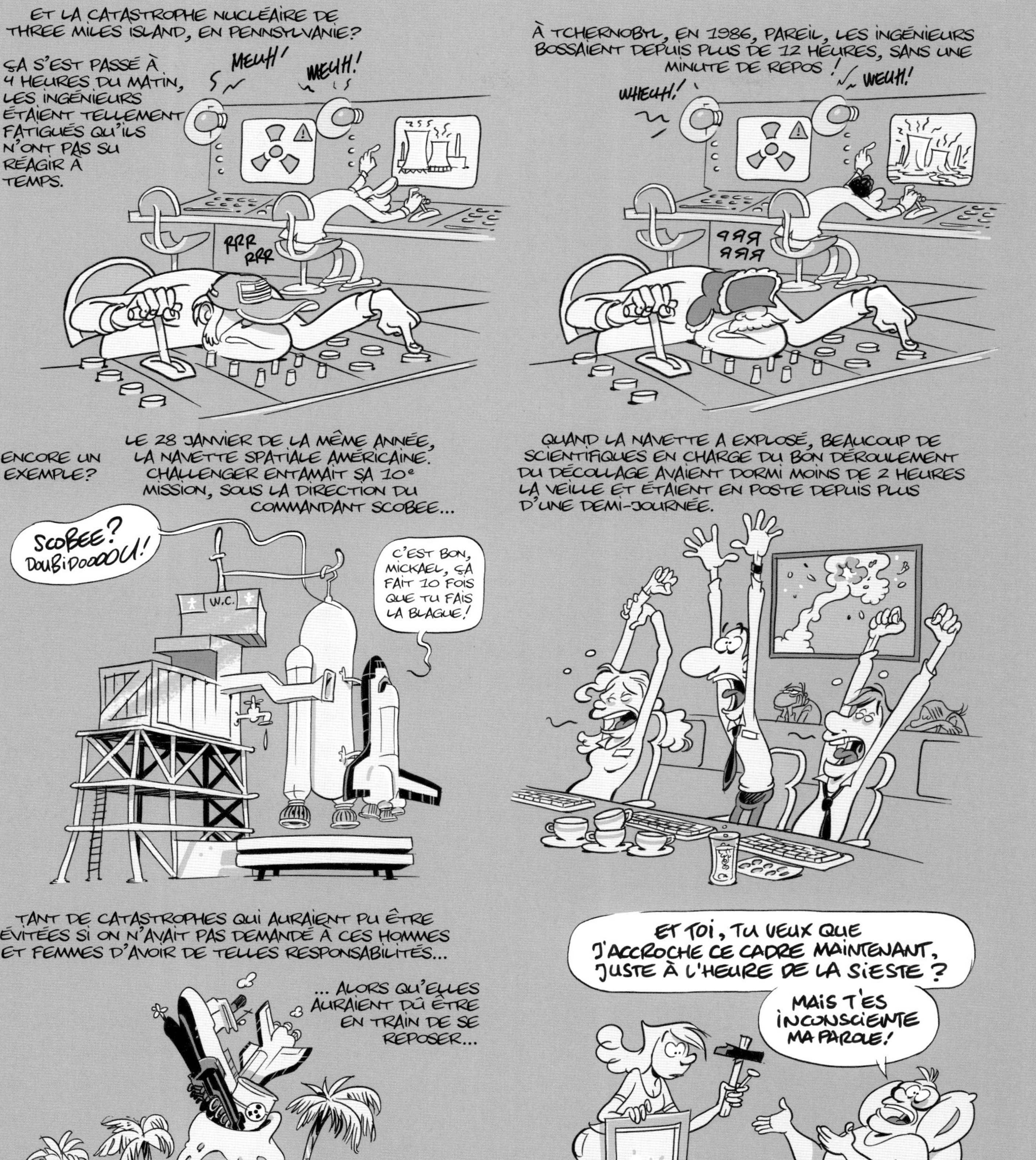
ET LA CATASTROPHE NUCLÉAIRE DE THREE MILES ISLAND, EN PENNSYLVANIE?
ÇA S'EST PASSÉ À 4 HEURES DU MATIN, LES INGÉNIEURS ÉTAIENT TELLEMENT FATIGUÉS QU'ILS N'ONT PAS SU RÉAGIR À TEMPS.
MEUH!
MEUH!
RRR RRR
À TCHERNOBYL, EN 1986, PAREIL, LES INGÉNIEURS BOSSAIENT DEPUIS PLUS DE 12 HEURES, SANS UNE MINUTE DE REPOS!
WHEUH!
WEUH!
RRR RRR
ENCORE UN EXEMPLE?
LE 28 JANVIER DE LA MÊME ANNÉE, LA NAVETTE SPATIALE AMÉRICAINE. CHALLENGER ENTAMAIT SA 10e MISSION, SOUS LA DIRECTION DU COMMANDANT SCOBEE...
SCOBEE? DOUBIDOOOOU!
W.C.
C'EST BON, MICKAEL, ÇA FAIT 10 FOIS QUE TU FAIS LA BLAGUE!
QUAND LA NAVETTE A EXPLOSÉ, BEAUCOUP DE SCIENTIFIQUES EN CHARGE DU BON DÉROULEMENT DU DÉCOLLAGE AVAIENT DORMI MOINS DE 2 HEURES LA VEILLE ET ÉTAIENT EN POSTE DEPUIS PLUS D'UNE DEMI-JOURNÉE.
TANT DE CATASTROPHES QUI AURAIENT PU ÊTRE ÉVITÉES SI ON N'AVAIT PAS DEMANDÉ À CES HOMMES ET FEMMES D'AVOIR DE TELLES RESPONSABILITÉS...
... ALORS QU'ELLES AURAIENT DÛ ÊTRE EN TRAIN DE SE REPOSER...
ET TOI, TU VEUX QUE J'ACCROCHE CE CADRE MAINTENANT, JUSTE À L'HEURE DE LA SIESTE?
MAIS T'ES INCONSCIENTE MA PAROLE!

L'ARBRE À SIESTE

"Dessiner des arbres, ça me repose."

BUCHE
auteur de BD au nom prédestiné pour ce gag.

LE NOYER. C'EST PAS SYMPA, LE NOYER ?
TU CHERCHES DES NOISES ?
SES FEUILLES DÉGAGENT DES VAPEURS QUI FILENT MAL AU CRÂNE.
NON, ÉVITE AUSSI CE HÊTRE SI TU ES ALLERGIQUE AU POLLEN... PAREIL POUR LE PEUPLIER...
UN SEUL HÊTRE VOUS MANQUE ET TOUT EST DU PEUPLIER ...
MALHEUREUX ! JAMAIS UN PIN ! TU POURRAIS TE PRENDRE...
... UN PAIN ?
... UNE CHENILLE PROCESSIONNAIRE MÉGA-MOCHE ET MÉGA-PIQUANTE !
PFOU, C'EST PLUS COMPLEXE QUE JE LE CROYAIS...
OUI, MAIS MAINTENANT, TU VAS POUVOIR PASSER LE PRINTEMPS, L'ÉTÉ ET L'AUTOMNE À FAIRE LA SIESTE SOUS LE BON ARBRE.
KAI ! KAI !
ET L'HIVER, JE FERAI COMMENT ?
ROUPILLOR A RÉPONSE À TOUT !
LES CADEAUX, C'EST QUAND MÊME UN PEU DUR COMME OREILLERS !
MON DRÔNE !

iNÉMURi
"Leçon pas seulement pour karaté. Leçon est pour toute la vie."
MAÎTRE MiYAGi
prof d'arts martiaux dans "Karaté Kid" qui endort avec ses citattions toutes chelous.
REGARDE !
IL S'EST ENDORMI ! IL FAUT LE RÉVEILLER...
... VITE !
MAIS NON, LAISSE-LE...
... IL FAIT DE L'INÉMURI.
QUOI ?
ÇA VEUT DIRE DORMIR EN ÉTANT PRÉSENT.
C'EST UN ART CHEZ LES JAPONAIS !
DANS LEUR PAYS, DORMIR SUR UN BANC PUBLIC OU DANS LES TRANSPORTS EN COMMUN N'EST PAS MAL VU...
JE CROIS QUE JE VAIS DEVOIR PROLONGER DE QUELQUES STATIONS...
SWITCH

IL FAUT SAVOIR QU'IL EXISTE MÊME DES APPLICATIONS POUR SMARTPHONE QUI TE RÉVEILLENT QUAND TU ES ARRIVÉ À DESTINATION.

LES GENS CONSIDÈRENT MÊME QUE CELA SIGNIFIE QUE TU T'ES ÉPUISÉ AU TRAVAIL... ET DONC QUE TU AS DU MÉRITE.

CERTAINS VONT MÊME JUSQU'À FEINDRE L'INEMURI QUAND ILS N'ONT PAS SOMMEIL POUR ÊTRE BIEN VUS DE LEUR DIRECTION...

DE FAIT, PERSONNE N'IRA RÉVEILLER QUELQU'UN QUI MAÎTRISE CET ART...

RONALDODO

“Le coup du sombrero, c’est pas en lien avec la sieste.”

CRISTIANO RONALDO

footballeur sponsorisé par au moins 5 marques que vous possédez.

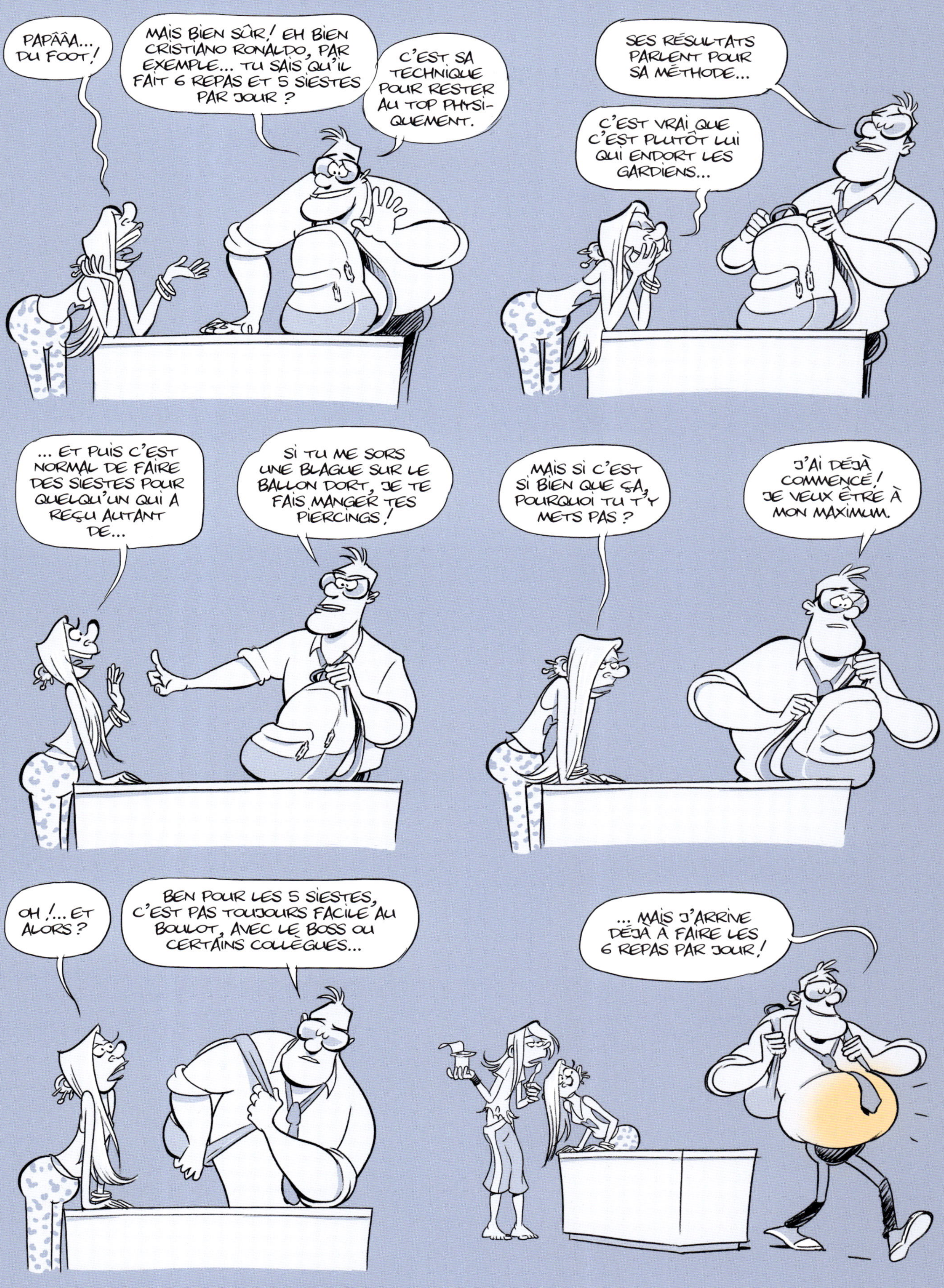
PAPÂÂA... DU FOOT !
MAIS BIEN SÛR ! EH BIEN CRISTIANO RONALDO, PAR EXEMPLE... TU SAIS QU'IL FAIT 6 REPAS ET 5 SIESTES PAR JOUR ?
C'EST SA TECHNIQUE POUR RESTER AU TOP PHYSIQUEMENT.
SES RÉSULTATS PARLENT POUR SA MÉTHODE...
C'EST VRAI QUE C'EST PLUTÔT LUI QUI ENDORT LES GARDIENS...
... ET PUIS C'EST NORMAL DE FAIRE DES SIESTES POUR QUELQU'UN QUI A REÇU AUTANT DE...
SI TU ME SORS UNE BLAGUE SUR LE BALLON DORT, JE TE FAIS MANGER TES PIERCINGS !
MAIS SI C'EST SI BIEN QUE ÇA, POURQUOI TU T'Y METS PAS ?
J'AI DÉJÀ COMMENCÉ ! JE VEUX ÊTRE À MON MAXIMUM.
OH !... ET ALORS ?
BEN POUR LES 5 SIESTES, C'EST PAS TOUJOURS FACILE AU BOULOT, AVEC LE BOSS OU CERTAINS COLLÈGUES...
... MAIS J'ARRIVE DÉJÀ À FAIRE LES 6 REPAS PAR JOUR !

LE HAMAC

"Voulez-vous passer le reste de votre vie à faire du Mac… ou du hamac ?"

STEVE JOBS

entrepreneur, inventeur, fondateur d'Apple et gourou de la Silicon Valley.

FLAP
BLOOF
VOILÀ... DOUCEMENT ...
BON.
MAINTENANT, SE RETOURNER ...
GNN!
HUMF!
HAN!
HAHA! YEEES!
TU NE VEUX TOUJOURS PAS METTRE DE LA CRÈME ?
SI...
... MAIS DE L'ANTI-DOULEUR.

ON THE ROAD AGAIN

"Le sommeil est
le carburant de l'homme
d'action."

FRÉDÉRIC DARD

écrivain
San Antonio,
mais avec
succès.

TON CORPS A BESOIN D'UNE PAUSE, PAS DE CAFÉINE !
ET ÇA SERAIT ENCORE MIEUX SI PENDANT CE TEMPS JE FAISAIS UNE PETITE SIESTE, C'EST ÇA ?
VOILÀÀÀÀ, TU VOIS QUAND TU VEUX... PAS PLUS DE 10 À 15 MINUTES POUR PAS ÊTRE SOMNOLENT QUAND TU REPRENDRAS LA ROUTE ...
TWIT TWIT
ZZZZZ
HAAAA, C'EST VRAI QUE ÇA REQUINQUE !
JE PEUX PARTIR RETROUVER MES POTES EN PLEINE FORME.
YES, GÉNIAL, ON VA PASSER UN SUPER WEEK-END AVEC EUX, À PARLER SIESTE !
RON RON
J'AI DIT QUELQUE CHOSE QU'IL NE FALLAIT PAS ?

HALL OF FAME

"Le plus beau sommeil ne vaut pas le moment où l'on se réveille."

ANDRÉ GIDE
écrivain, prix Nobel de littérature tout comme Winston…

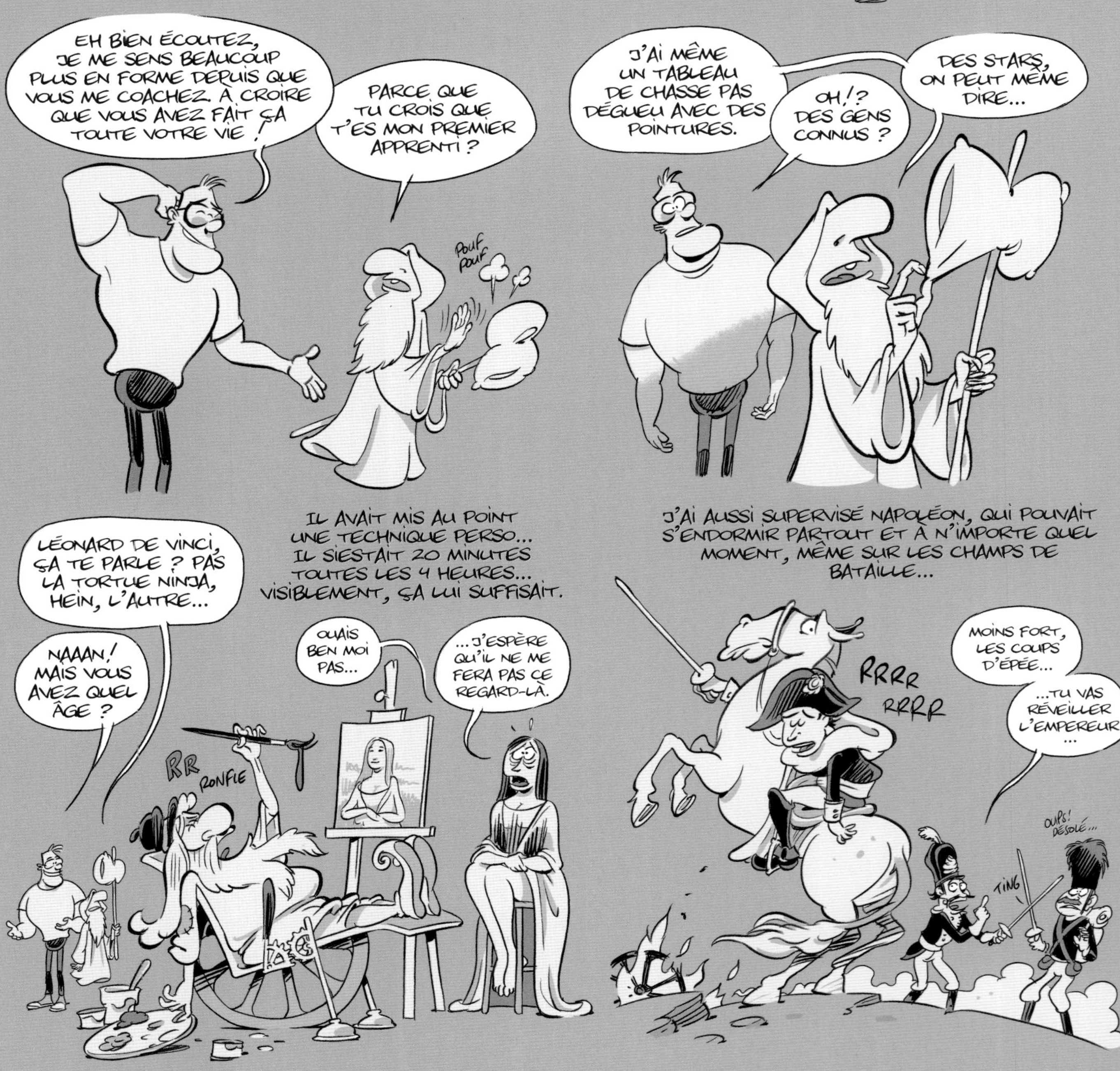

WAYNE ROONEY, LE FOOTBALLEUR ANGLAIS AUSSI... BON, J'AVOUE QUE C'EST PAS MA PLUS GRANDE RÉUSSITE : IL NE PEUT ROUPILLER QU'AVEC LE BRUIT D'UN ASPIRATEUR EN MARCHE...
Z
WÛUUUUU
WÛUUUUU
ROONEY, TU AS SIGNÉ POUR 253 BUTS DE PLUS !
WAH ! C'EST PAS VRAI !
ALFRED HITCHCOCK HIMSELF ? LE LÉGENDAIRE MAÎTRE DU CINÉMA, AMATEUR DE BONNES VIANDES ET DE CIGARES ?
BAH NON IGNARE, C'EST WINSTON CHURCHILL, HOMME D'ÉTAT ET AMATEUR DE CIGARES. TU VOIS PAS LE SERVICE DE TASSES ET LES PETITS GÂTEAUX ?
ÇA VA ÊTRE L'HEURE ...
HOULÀ, LE THÉ, ÇA N'A PAS L'AIR D'ÊTRE SA TASSE...
... L'HEURE OÙ LE LION BRITANNIQUE VA SE BOIRE UN WHISKY-COCA AVANT DE SIESTER 2 HEURES POUR ENSUITE BOSSER À NOUVEAU TOUTE LA NUIT !
MAIS...? SI JE ME TROUVE AVEC VOUS... ÇA VEUT DIRE QUE... JE VAIS DEVENIR UN GRAND HOMME ?
HUM... BEN, EUH ...QUI SAIT ?
QUELQUE TEMPS AUPARAVANT...
ROUPILLOR ! C'EST QUOI CE BORDEL AVEC DONALD ?!
TU ES RÉTROGRADÉ MAÎTRE NIVEAU ZÉRO !
PAS DE MA FAUTE ! CET IDIOT EST INSOMNIAQUE ...

GRAVITÉ ZÉRO

"Dans l'espace, nous souffrons de troubles du sommeil. Alors à notre retour sur terre, la sieste est de rigueur."

THOMAS PESQUET

ingénieur en aéronautique, pilote de ligne, spationaute français et beau gosse de surcroît.

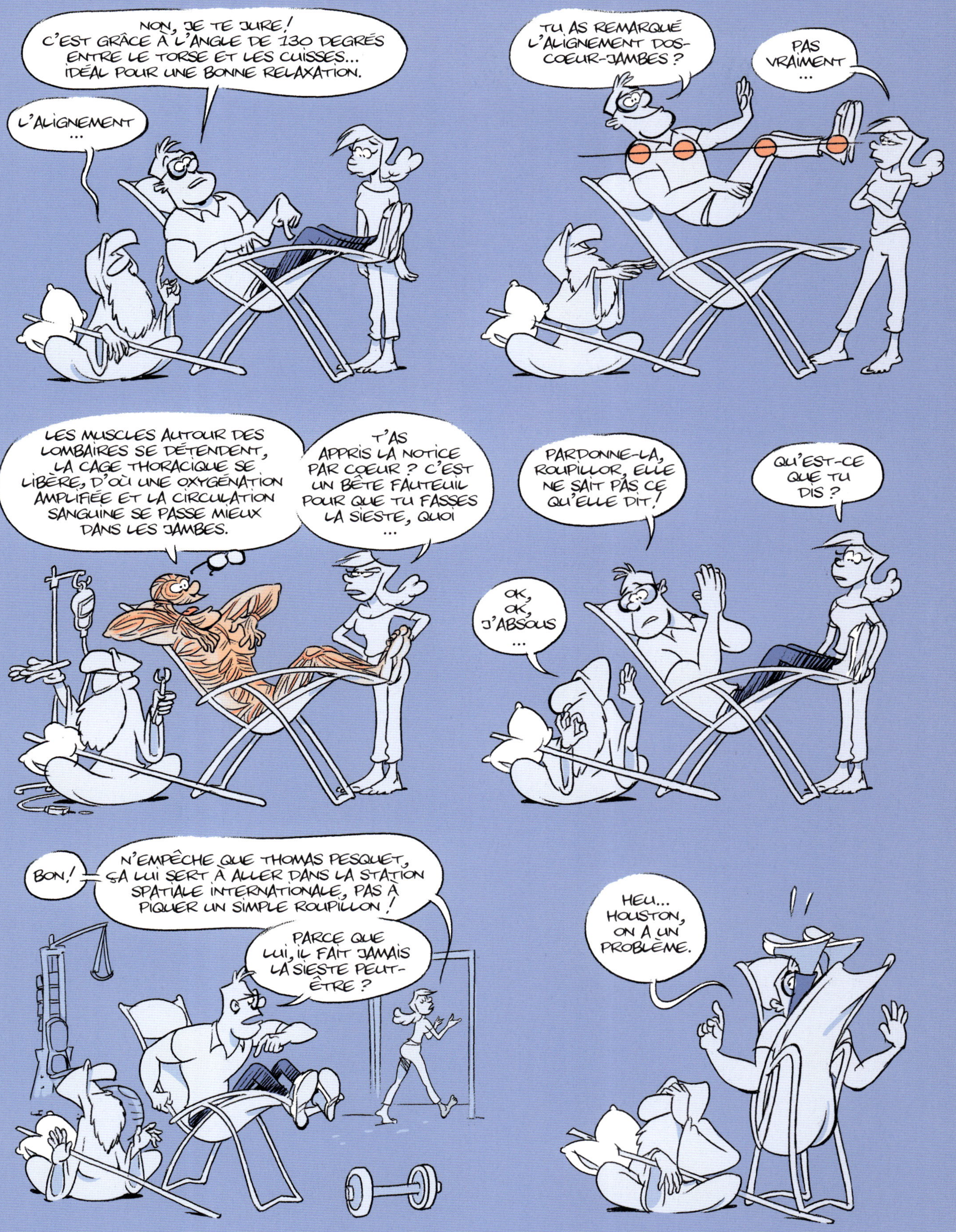

L'ALIGNEMENT…
NON, JE TE JURE! C'EST GRÂCE À L'ANGLE DE 130 DEGRÉS ENTRE LE TORSE ET LES CUISSES… IDÉAL POUR UNE BONNE RELAXATION.
TU AS REMARQUÉ L'ALIGNEMENT DOS-COEUR-JAMBES ?
PAS VRAIMENT…
LES MUSCLES AUTOUR DES LOMBAIRES SE DÉTENDENT, LA CAGE THORACIQUE SE LIBÈRE, D'OÙ UNE OXYGÉNATION AMPLIFIÉE ET LA CIRCULATION SANGUINE SE PASSE MIEUX DANS LES JAMBES.
T'AS APPRIS LA NOTICE PAR COEUR ? C'EST UN BÊTE FAUTEUIL POUR QUE TU FASSES LA SIESTE, QUOI…
PARDONNE-LA, ROUPILLOR, ELLE NE SAIT PAS CE QU'ELLE DIT!
QU'EST-CE QUE TU DIS ?
OK, OK, J'ABSOUS…
BON!
N'EMPÊCHE QUE THOMAS PESQUET, ÇA LUI SERT À ALLER DANS LA STATION SPATIALE INTERNATIONALE, PAS À PIQUER UN SIMPLE ROUPILLON!
PARCE QUE LUI, IL FAIT JAMAIS LA SIESTE PEUT-ÊTRE ?
HEU… HOUSTON, ON A UN PROBLÈME.
!!

LE MOBILIER

"Siesta humanum est."

Dicton romain, encore valable à ce jour.

LA SIESTE A LONGTEMPS ÉTÉ UN PRIVILÈGE. DANS L'ANTIQUITÉ GRECQUE, SEULS LES PRÊTRES POUVAIENT S'Y ADONNER AU TEMPLE.

LA VESTALE (GARDIENNE DU FEU) PÉRISSAIT SI ELLE MANQUAIT À SON OBLIGATION POUR S'ÊTRE REPOSÉE...

EN ÉGYPTE, SOUS LA IVe DYNASTIE, LA FAIRE AU MAUVAIS MOMENT POUVAIT VOUS MENER DIRECTEMENT AU CHANTIER D'UNE PYRAMIDE...

... TOUT COMME CHEZ LES ROMAINS, SEUL LE PROPRIÉTAIRE DE LA MÉRIDIENNE ÉTAIT AUTORISÉ À PIQUER UN ROUPILLON APRÈS LE REPAS.
POUR LES ESCLAVES, Y SUCCOMBER ÉTAIT RÉCOMPENSÉ PAR UN TICKET POUR ALLER FAIRE LE CLOWN AU CIRQUE.

AVEC LE MOYEN ÂGE, CETTE MÉRIDIENNE SYMBOLE DE LA SIESTE, DISPARAÎT DU MOBILIER. LES MOINES, À L'EMPLOI DU TEMPS DE PRIÈRE SURCHARGÉ, LA FONT SUR DE SIMPLES PLANCHES DE BOIS.

LA MÉRIDIENNE FAIT UNE COURTE RÉAPPARITION AU XIXe. ELLE EST RÉSERVÉE PRESQUE EXCLUSIVEMENT AUX DAMES QUI S'ÉVANOUISSENT ET EN PROFITENT POUR FAIRE UN PETIT SOMME...

AVEC L'INSTAURATION DES CONGÉS PAYÉS, LA CHAISE LONGUE SE POPULARISE ET DEVIENT LE NOUVEAU SYMBOLE DE LA SIESTE POUR TOUS... ENFIN, SEUL SON PROPRIÉTAIRE A LE PRIVILÈGE DE SCIER DU BOIS DEDANS.

DÈS LORS, LE MOBILIER DE LA SIESTE N'A DE CESSE DE SE RÉINVENTER... LE CORBUSIER S'APPROPRIE LA CHAISE LONGUE LC4, DESSINÉE POUR LE SALON DE L'AUTOMNE 1929 PAR SON ASSISTANTE CHARLOTTE PERRIAND.
ELLE DEVIENT L'IMAGE DE LA SIESTE DESIGN !
RON... RON...
LE CINÉMA TROUVE AUSSI SON ICÔNE DE LA SIESTE LASCIVE EN 1974 DANS "EMMANUELLE", AVEC LE FAUTEUIL POMARE EN ROTIN NATUREL...
SILENCE ! ON NE TOURNE PAS...
RRR RRR
LA CONTRE-CULTURE DES HIPPIES, ELLE, PRIVILÉGIE LES POUFS OU LES POIRES, ET PRÔNE LA SIESTE POUR TOUS.
COOOOL, ÇA TOURNE...
AUJOURD'HUI SE DÉVELOPPENT DE PLUS EN PLUS DE CONCEPTS QUI PERMETTENT AUX TRAVAILLEURS DE S'ISOLER POUR QUELQUES MINUTES RÉPARATRICES...
FAUDRAIT ÊTRE COCON POUR NE PAS EN PROFITER ... !
QUANT À L'AVENIR, IL SEMBLERAIT QUE LE MOBILIER LUI-MÊME NOUS ASSISTERA DANS DE LONGUES SIESTES DE PLUSIEURS ANNÉES... SEUL LE RÉVEIL DIVISE ENCORE LES VISIONNAIRES.
EN ATTENDANT CET AVENIR RADIEUX, SOYEZ FIERS DE VOTRE DROIT À LA SIESTE ET ÉQUIPEZ-VOUS POUR JOUIR DE ROUPILLONS BIEN MÉRITÉS !
BEN TU FAIS LA SIESTE PAR TERRE ?
OUAIS, ET CROIS-MOI QUE JE VAIS RÊVER DU MEC QUI FAIT LES PLANS CHEZ IKEÖ...
IKEÖ
IKEÖ

ART MAJEUR

“Dessine-moi
un mouton.”

ANTOINE DE SAINT-EXUPÉRY
écrivain qui comptait sur cette technique pour s'endormir…

MOUAIS, ÇA POURRAIT ÊTRE PAS MAL SI MOI AUSSI J'AVAIS PAS FAIT UN TABLEAU QUI S'APPELLE "LA SIESTE"...
HÉ, TU L'AVAIS D'ABORD BAPTISÉ "LA MÉRIDIENNE", NON ?!
ET MAINTENANT, COMME PAR HASARD, ELLE A 2 NOMS !
VA DONC, HÉ, VAN GOGH LE POMPEUR !
QUI C'EST QUI A COPIÉ SON MOTIF SUR UNE PHOTO ?
QUI C'EST QUI A PLAGIÉ J.-F. MILLET ?
NE VOUS BATTEZ PAS, CHACUN DE VOS TABLEAUX VAUDRA DE L'...
MAIS ? VOUS NOUS AVEZ RAMENÉ...
TRIPLE BUSE, TU ALLAIS MODIFIER LE PASSÉ DE LA GRANDE HISTOIRE DE LA SIESTE...
... NE FAIS PLUS JAMAIS ÇA !
BON, LÀ GAUGUIN DOIT S'ÉLOIGNER, TOUT FÂCHÉ...
... LAISSANT LE DÉPRESSIF VAN GOGH FAIRE UNE CRISE CHEZ LUI...
IL FAIT UN TOUR À L'HÔPITAL PSYCHIATRIQUE... MMH, VOILÀ...
JE CROIS QU'ON PEUT Y RETOURNER...
SI VOUS POUVIEZ Y ALLER MOLLO...
VOTRE FORMATION EST FINIE, CES CHEFS-D'OEUVRE PROUVENT QUE VOUS AVEZ ASSIMILÉ L'ESSENCE MÊME DE LA SIESTE... JE SUIS SATISFAIT...
POUF ! POUF !
JE DIRAIS MÊME PLUS, VOUS POUVEZ DORMIR SUR VOS 2 OREILLES ...
ENFIN VINCENT UN PEU MOINS, MAINTENANT...

LES BRUITS

"Le silence est
la sieste du bruit."

JOSÉ ARTUR
grand homme
de radio,
un titre
ronflant mais
mérité.

Siiii'iiii... Siiiiiiiii...
LE SIFFLEMENT DU NEZ, ÇA, C'EST PAS BANAL.
EUH, ÇA C'EST ...
... NO COMMENT.
PRRT!
HUUUU!
AH, LE PETIT CRI QUAND IL CROIT QU'IL TOMBE DANS LE VIDE!
TROP MIGNON
AAARG! LE BRUXISME!
JE DÉTESTE QUAND IL GRINCE DES DENTS EN DORMANT!
FROUIK! FROUIK! FROUIK!
WAAA AH, SUPER SIESTE!
JE SUIS AU TAQUET POUR LE RESTE DE LA JOURNÉE!
J'AI TOUJOURS TROUVÉ ÇA DINGUE LE RONRONNEMENT DES CHATS PENDANT LEUR SOMMEIL...
OUAIS, DINGUE!
RRR RRR RRR

LE CONTRÔLE

"Réveillez-vous, interro surprise !"

ANTOINE POLOCHON
prof d'histoire, mais ça vaut à peu près pour tous les profs.

OUAIS, ET ÇA LUI REDONNERA LE SOURIRE, UNE SIESTE ROYALE CHEEEESE ! HAHAHA.
OH, LES BLAGUES, C'EST MOI QUI LES FAIS.
POK POK
OLIVIER, AGENDA SURCHARGÉ AUJOURD'HUI, IL A COURU DANS TOUS LES SENS, IL A EU 8 RÉUNIONS ET PLEIN DE MAILS À ENVOYER...
AVEC UN TEL EMPLOI DU TEMPS JE RECOMMANDE UNE OU DEUX MICRO-SIESTES, POUR PAS LE METTRE EN RETARD ET LE BOOSTER POUR TENIR LA CADENCE...
MOSCOU
SYDNEY
DUBAÏ
PARIS
BON, CONTRÔLE FINI... BRAVO !
ALORS, J'AI UN "A" OU UN "B" ?
NON, UN "Z" ! FÉLICITATIONS.
Z
AH BEN OUI, LOGIQUE...
PIERRE, TE REVOILÀ ! J'AI DÉPOSÉ SUR TON BUREAU DES TONNES ET DES TONNES DE DOSSIERS HYPER-RELOUS !
HIBERNER 3 MOIS ET REVENIR QUAND LE RESTE DE L'ÉQUIPE AURA FINI CETTE CORVÉE À MA PLACE ?

VACANCES
“Vacances j'oublie tout, plus rien à faire du tout.”
ÉLÉGANCE
groupe de musique des années 80 oublié, y'a rien à faire...
SELF

ET C'EST L'ÉCHAPPÉE DANS CETTE ÉTAPE DE MONTAGNE ...
BIP BIP BIP BIP
OUI, PENDANT LES VACANCES, IL SE FAIT UNE PAUSE BOULOT DE 20 MINUTES PENDANT SA JOURNÉE DE SIESTE...

SIESTE EN COUPLE

"Ma devise:
une bonne sieste
et au lit."

JEAN-JACQUES PERONI
humoriste passant à la radio après l'heure de la sieste.

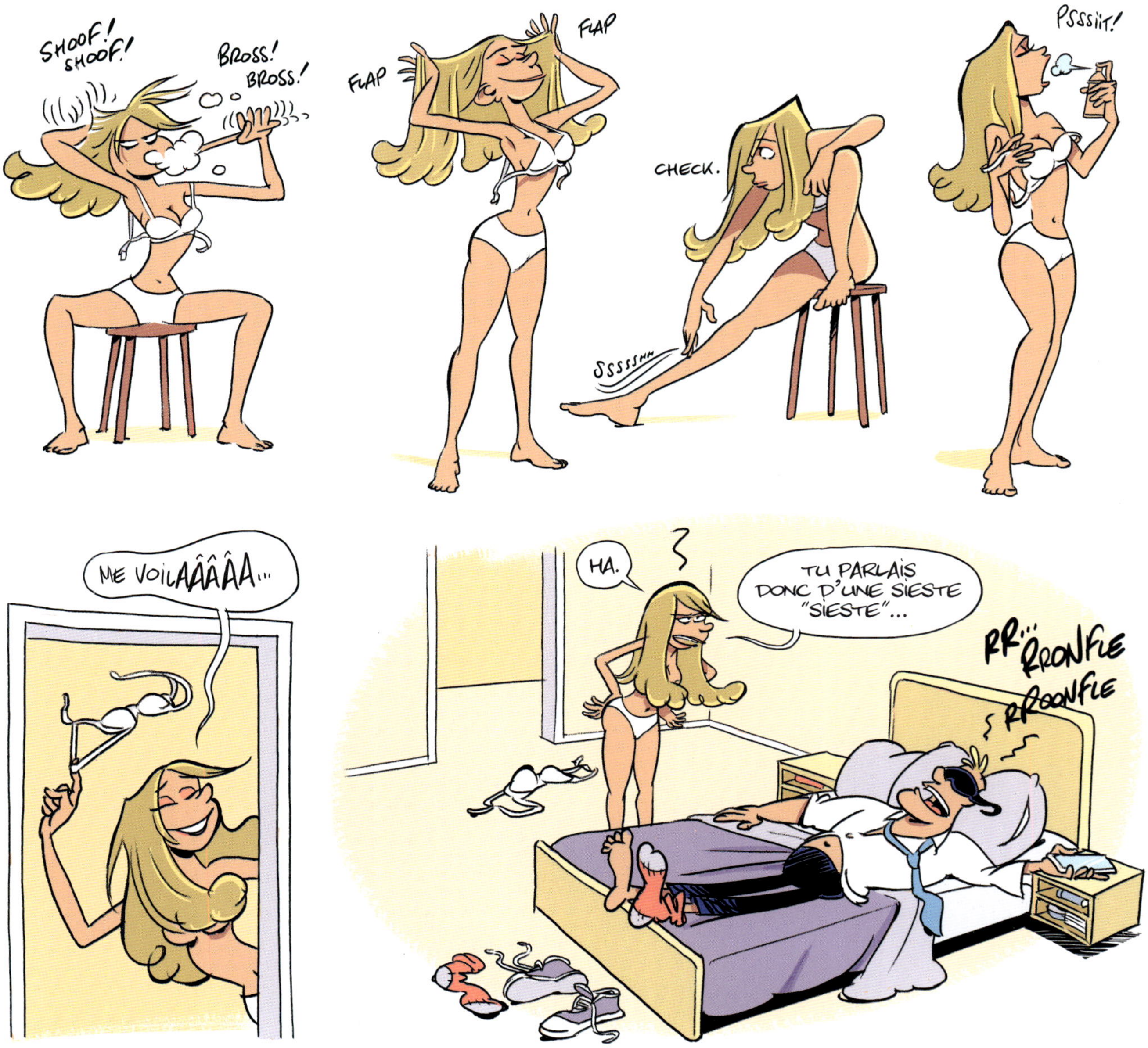